NOTICE
SUR LE
CHATEAU
DU GOUST
ET SUR SES CHATELAINS

PAR

L. PREVEL, ARCHITECTE

Membre des Sociétés Académique et Archéologique de la Loire-Inférieure,
et de la Société Polymathique du Morbihan.

(Extrait du *Bulletin de la Société Archéologique de Nantes*)

NANTES

IMPRIMERIE VINCENT FOREST ET EMILE GRIMAUD

Place du Commerce, 4

1872

LE CHATEAU DU GOUST

Lorsque nous avons entrepris la notice sur le château de Blain, aidé des conseils du savant M. Bizeul, et plus tard de ses notes et manuscrits, nous avons trouvé, au moment de traiter du siége de cette forteresse par le duc de Mercœur, des noms et des faits se rapportant à des ruines que nous connaissions beaucoup, pour les avoir visitées souvent, et parce qu'elles se trouvaient dans un pays qui est presque le nôtre, par les quelques propriétés qui nous y rattachent. Nous nous sommes donc efforcé de rechercher tous les faits qui pouvaient nous être utiles, et ce sont ces notes qui vont être aujourd'hui le sujet de notre communication.

Maleville, que l'on retrouve appelée parfois *mala villa* dans les vieux titres, et quelquefois aussi fief-l'Evêque, était anciennement un fief seigneurial avec haute justice. Il appartenait en 1412 à Miles de Thouars, en 1440 aux Laval, en 1539 à Guillaume Gérault, en 1559 à Geoffroy Gauray, sr du Plessis-Gauray, en 1590 à Charlotte Gauray, en 1609 à Prégent de Chevigné, en 1654 à Mercure Bardoul, et en 1660 à Maurice Bardoul, qui le vendit à Antoine Rivière, sr de Vauguérin, qui le revendit lui-même en 1671 à René de Sesmaisons.

Les autres terres importantes de cette commune étaient :

La Bourdinière, qui appartenait, en 1500, à François de la Lande, sr de la Haie-Maheas, puis à Catherine Boutin, femme de Guy de Cleuz sr du Gage, et enfin à Joseph Le Meneust, seigneur de la Boisdrière.

Puis, le Plessis-Gérault, et Bellaly, propriété moderne.

Mais la terre la plus importante et qui va faire le sujet de notre notice, était la seigneurie du Goust. Il y a un peu d'incertitude sur la manière d'écrire ce nom, de *Goul, Gouz, Goust*. Une lettre autographe conservée aux archives de la mairie de Nantes, porte pour signature *Le Goust*, et Dom Taillandier, continuateur de Dom Morice, pour le second volume du *Texte de l'histoire de Bretagne*, a suivi cette leçon d'après le manuscrit de l'*Histoire de la religion réformée en Bretagne* de Le Noir de Crevain. L'*Histoire de la Ligue en Bretagne* écrit *du Goust*, et nous croyons que c'est la véritable orthographe.

Ce château était autrefois un petit manoir, plusieurs fois remanié, augmenté et fortifié, et considéré même comme une place assez forte. Maintenant, on n'y voit plus que des ruines couvertes de lierre, sur une motte peu élevée, entourée d'un étroit fossé. Là, devait être le donjon dont il ne reste plus qu'un pan de mur, et dans lequel on reconnaît encore les jambages assez bien conservés d'une immense cheminée dont les moulures annoncent le xve siècle.

Cette ruine est située dans une partie de l'enceinte murée de cette terre qui était assez considérable, car elle englobe actuellement tout le village du même nom, qui s'est élevé sur les débris et en utilisant, pour les habitations, les dépendances de la forteresse. Dans ce village, existe encore l'ancienne chapelle du château, assez bien conservée. On remarquait autrefois aux environs quelques souterrains aboutissant au château, mais qui ont été, depuis, détruits et comblés pour les besoins des terres, mises en exploitation.

Ces ruines sont situées sur le chemin de grande communication de Savenay à Saint-Etienne de Montluc, et maintenant, l'enceinte du château est coupée et traversée par la voie ferrée de Nantes à Saint-Nazaire, qui laisse au sud le donjon, et au nord le village.

A quelque distance et au nord du village, on reconnaît encore les ruines du moulin à eau du château, situé sur le bord d'un petit ruisseau, et à un kilomètre plus loin, la carrière qui a dû fournir les matériaux avec lesquels fut construite cette petite forteresse.

L'enceinte du parc est encore visible par endroits, où, des débris de murs de clôture se montrent encore de distance en distance ; d'après ce qu'on en voit, il est permis de croire que ce parc était d'une assez grande étendue.

Il n'est un peu parlé de ce château, qu'à l'époque où il appartenait à Jean de Montauban, celui qui sous le nom de chevalier du Goust, s'empara du château de Blain et le commanda pendant le siége que lui fit soutenir le duc de Mercœur. Lorsque nous serons arrivé, dans la généalogie, à ce seigneur, nous en donnerons de plus amples détails.

Cherchons maintenant quels furent les différents seigneurs ou châtelains, qui habitèrent ou possédèrent cette seigneurie.

Nous trouvons, comme première mention, que cette seigneurie appartenait à Jeanne d'Ucé, dame de Thouaré et du Goust, femme de Brient de Montjean, qui, par un acte passé en la Cour de Nantes et daté du jeudi après *misericordia Domini* de l'an 1390, la vendit à Margot, femme de Guillaume de Commélan et précédemment veuve de Brient de Montfort, seigneur de la Rivière d'Abbaretz.

Brient de Montfort, fils de Margot, en hérita de sa mère, et la transmit ensuite à Eon de Montfort, qui la garda jusqu'en 1404. Elle passa alors dans les mains de Moricette de Montfort sa fille, qui fut mariée à Robert Brochereul, seigneur de la Sicaudais. De ce mariage naquirent deux filles, dont l'aînée, Jeanne Brochereul, épousa Guillaume de Montauban, baron de Grenonville, seigneur du Bois-de-la-Roche, et eut en partage les terres et seigneuries du Cens, de la Plaine, de Pornic, de Sourgonne, du Loroux-Boterel et le devoir du port de Nantes.

C'est ainsi que la seigneurie du Goust entra, vers 1500, dans la maison de Montauban, issue, au dire du P. du Paz, de celle de Rohan, dont elle portait les armes, brisées d'un lambel d'argent à quatre pendants.

Après Guillaume de Montauban, la seigneurie appartint à son fils Guillaume, deuxième du nom, qui épousa Orfraise de Sérent, dont il eut un fils nommé Esprit de Montauban qui servit le duc François II, sa fille Anne de Bretagne, et les rois Charles VIII et Louis XI. Il mourut vers 1512.

Le P. du Paz ne nous a pas conservé le nom de sa femme, mais nous savons qu'il eut un fils nommé Louis de Montauban, qui avait pour tuteur le chancelier Philippe de Montauban, frère consanguin d'Esprit.

Tout porte à croire que la terre du Goust fut donnée en partage à Esprit de Montauban, car elle ne se retrouve plus que fort loin, possédée par ses descendants.

Dans une note de la main de Dom Gallois, trouvée dans la collection des Blancs-Manteaux, manuscrits de la bibliothèque nationale à Paris, et dans la généalogie de la maison de Budes, par Le Laboureur, p. 121, on retrouve un François de Montauban, vivant vers la moitié du seizième siècle, et qui semblerait être le fils de Louis et petit-fils d'Esprit de Montauban. Ce François de Montauban, portait le titre de chevalier seigneur du Goust : ce fut lui qui fit exécuter les premières fortifications du château de ce nom. Il avait épousé, suivant Le Laboureur, Marguerite de Plouër. Quant à Dom Gallois, il ne donne pas le nom de la femme de François de Montauban, mais il lui donne pour enfants : 1° Louis, aveugle-né qui mourut sans alliance; — 2° Françoise, qui épousa Gilles du Bois-Riou et probablement Jean de Montauban, chevalier seigneur du Goust, ainsi que Charles de Montauban, seigneur de l'Aujardière. Le P. du Paz ne donne pas la généalogie des Montauban pour toutes les branches et n'arrive pas jusqu'au commandant du château de Blain, son contemporain cependant; mais après un examen attentif, nous croyons pouvoir affirmer que le seigneur du Goust descendait de messire Esprit de Montauban, fils de sa seconde femme Orfraise de Sérent.

Nous voici arrivé au sujet principal de notre notice, c'est-à-dire au seigneur du château dont nous avons parlé, qui offre le plus de renseignements sur ses faits et gestes. Ce seigneur, Jean de Montauban, chevalier seigneur du Goust, habitait la petite forteresse de ce nom. Ce poste, dominé par le grand coteau septentrional de la Loire, ne pouvait tout au plus le mettre à l'abri que d'un coup de main. Il est probable que du Goust comptait au nombre de ces gentilshommes bretons qui n'avaient pas été hostiles au duc de Mercœur, tant qu'il était resté, en apparence au moins, fidèle au roi, mais qui jugèrent que ce prince faisait acte de rebellion ouverte en s'emparant du château de Nantes, et en se fortifiant de deux redoutables bastions armoriés très-ostensiblement de la double croix de Lorraine. Alors se forma le véritable parti royaliste, composé non-seulement des huguenots, mais encore de beaucoup de catholiques, comme le chevalier du Goust, auxquels les fureurs de la Ligue avaient ouvert les yeux sur les tendances anti-légitimistes, et qui, d'un autre côté, commençaient à s'apercevoir que le duc de Mercœur avait beaucoup plus en vue son affermissement dans la Bretagne, qu'il considérait comme le droit d'héritage de sa femme, que la défense de la religion catholique. La meilleure preuve qu'on puisse donner de ses ambitieux desseins, ce sont les titres de *prince et duc de Bretagne* qu'il fit donner au fils dont la duchesse accoucha à Nantes, le 21 mai 1589.

Le 26 du même mois, suivant des renseignements recueillis par l'abbé Travers à la mairie de Nantes, « il fut fait rapport que le chevalier du Goust fortifiait sa maison située entre Saint-Etienne-de-Mont-Luc et Cordemais, et qu'il y faisait amas d'hommes. Le conseil ordonna l'attaque de la maison de du Goust avec canon. Mais le lendemain, 27 mai, on apprit que le chevalier du Goust, assisté de quarante-cinq hommes seulement, s'était emparé du château de Blain. Alors le conseil commanda, pour le chasser de cette place, deux cents hommes, qui reçurent chacun, par jour, une demi-livre de poudre et quinze sols de paie; de plus, il obtint du capitaine Gassion une ordonnance qui obligeait les paroisses voisines de Blain de s'assembler au son du tocsin, pour courir sur les convois et les secours qu'on tenterait de faire entrer dans le château. »

En effet, le 27 mai 1589, du Goust, avec son frère et six autres, s'empressèrent de profiter du peu de garnison que le capitaine La Bouillounière avait avec lui, ils se mirent en embuscade près de la principale entrée du château, et pendant qu'on baissait le pont-levis pour faire entrer des charrettes, ils s'élancèrent dans la place, et bientôt renforcés au nombre de quarante-cinq hommes par quelques huguenots du village du *Pavé*, ils purent résister et prendre possession définitive de la place. Ils furent immédiatement assiégés par les troupes de Mercœur, commandées par Guébriant, que le capitaine La Bouillonnière était allé prévenir; mais sur une fausse alerte, causée par la nouvelle de l'arrivée du prince de Dombes au secours de la place, Guébriant leva le siége en toute hâte et abandonna le château.

Ces événements se passaient deux mois avant l'assassinat de Henri III, et ce malheureux roi envoyait en Bretagne le prince de Dombes, avec lettres-patentes, « sur les avis des déportements mauvais du duc de Mercœur, etc. » Ces lettres furent lues, publiées et enregistrées au parlement de Rennes, le 14 août. A leur réception dans la province, tous ceux qui conservaient le principe de la fidélité au roi durent abandonner le parti de Mercœur et se ranger sous le drapeau du prince de Dombes.

Il est bien à croire que dès l'apparition du comte de Soissons, qui s'était si pauvrement laissé battre à Châteaugiron, le parti royaliste avait songé à une prise d'armes. L'expédition de du Goust sur le château de Blain en fut l'un des premiers actes. Nous ignorons par les ordres de qui il agit, mais l'ordonnance dont nous allons donner copie entière, parce qu'elle est encore inédite, prouve qu'une fois son établissement fait au château de Blain, du Goust fut pleinement reconnu pour serviteur du roi par le prince de Dombes, reçut son attache formelle, et même que la place qu'il commandait fut considérée comme centre d'approvisionnement pour les troupes du roi.

Voici l'ordonnance du prince de Dombes :

« Henry de Bourbon, prince de Dombes, gouverneur du Dauphiné et lieutenant-général pour Sa Majesté, en ses armées et pays de Bretagne, salut. Comme pour empescher les desseings et entreprinses des ennemys et rebelles à sa dicte Majesté et retrancher les courses qu'ilz font sur les bons et fidèles subjectz, mesme s'opposer aux sorties de la ville de Nantes, pratiques et menées qu'ilz font pour s'emparer et surprendre des villes et places fortes de cette province, nous ayons establý une bonne et forte garnison au chasteau de Bleing, commandée par le sieur du Goust, capitaine et gouverneur de la dicte place, composée de cent chevaux ligiers, et troays cens harquebuziers à cheval; laquelle désirant entretenir et leur donner moyen de faire la guerre contre les dictz ennemys, il auroit été ordonné faire pour le peu de moyens qu'il y a de fournir au payement et entretenement desd. gens de guerre des finances de Sa Majesté, pour n'y avoir aulcun fond à présent, de faire lever la somme de huit mil escuz or sol. sur les parouessiens du comté Nantois de ça la ripvière de Loire, à scavoir depuis Ancenis jusques à Redon, Guérande et Nantes. A ceste cause nous vous avons commis et député, commettons et députons par cestes présentes, pour imposer et esgailler sur chacune des parouesses dud. comté de Nantes de sa la ripvière de Loire, ainsy qu'il est dict cy-dessus, le fort portant le faible et plus esgallement que faire se pourra, la dicte somme de huit mil escuz, laquelle sera mise es mains de Paul Groüard par nous commyns à cest effect, pour estre par led. Groüard satisfaict au payement desd. gens de guerre suyvant l'estat qui en a esté cy-devant expédié, et desquels il sera comptable au trésor de l'extraordinaire des guerres, ou son commis près de nous, et sera tenu de rapporter bons de quittances à sa descharge. De ce faire nous avons donné pouvoir, auctorité et commission par cestes présentes, mandons à tous qu'il appartiendra, que à vous en ce faisant ilz obeyssent, prestent tous conseils, confort et ayde, et au premier huyssier ou sergent sur ce requis, meptre decie et entière exécution les mandements qui seront par vous faictz. Donné à Rennes soubz nostre signe et seel de nos armes le seiziesme jour d'octobre mil cinq cens quatre vingtz et neuff. *Signé* Henry de Bourbon. *Plus bas* par mondict seigneur le prince *signé* Brunet. Par copie ainsy signé Pinel, notaire royal. — Pour copie ce que dessus et de l'autre part collationné à l'original par Transzon. Videnimé par moy notaire soubssignant de la court de Blaing, ce dernier jour d'aougst mil cinq cens quatre vingtz dix neuff. *Signé* J. Maumeczon, notaire. »

A la suite de cette ordonnance, nous trouvons un commandement de fournitures de vivres, fait à la paroisse de Fay, le 20 octobre 1589 ; il est ainsi conçu :

« Il est enjoint aux manans et habitans de la parouesse de Fay, de fournir, bailler et delivrer incontinent, la quantité de cinq septiers de blé, moitié froment et moitié seigle, avec un bœuf et deux pipes de vin, en quoy ilz ont esté taxez et obligez par nous advocat en la Cour de Parlement de Rennes soubz-signé, et ce, pour leur part et portion de cinq cens septiers de blé, cinquante bœufs et soixante pipes de vin ordonner par Monseigneur le Prince de Dombes, pour le magazin du Chasteau de Blaing. Lesquels vivres cy-dessus, ils feront prendre par advance sur les plus aisez de lad. parouesse, à la charge de les remplacer après, de la cotization qu'ils en feront faire sur tous les contribuables. »

Voilà donc le chevalier du Goust, bien et dûment reconnu pour commandant du château de Blain, par une autorité compétente, et investi, pour ainsi dire, d'un pouvoir discrétionnaire, pour la levée des impositions de guerre, dans toute la partie du comté nantais, au nord de la Loire, dont Blain était le centre.

Il était difficile que du Goust, muni d'un pouvoir presque absolu et au milieu d'une guerre civile, conservât une juste mesure d'action, et nous verrons plus loin tous les griefs dont on l'accusa.

A la fin de mars 1590, les habitants de Nantes, incommodés des courses continuelles des garnisons de Blain et de Clisson, demandèrent avec instance au duc de Mercœur, de s'emparer de ces deux places et surtout de Blain. Ce ne fut cependant qu'au mois d'octobre 1591, que Mercœur revenu à Nantes, et sollicité par le corps municipal, se décida, aidé des Espagnols, à mettre le siége devant le château de Blain, qui fut pris et saccagé, et en partie détruit et brûlé. Ayant refusé la capitulation qu'on leur offrait, le plus jeune fils de M. de Faucon, premier président du Parlement, Jean de Montauban, seigneur du Goust, Charles de Montauban, seigneur de l'Aujardière, et plusieurs autres gentilshommes, furent faits prisonniers. On ne sait ce qu'ils devinrent; on prétend, cependant, qu'ils s'échappèrent, excepté Jean de Montauban qui fut retenu, pendant sept ans, prisonnier par Mercœur. Il fut compris nominativement, dans l'édit de pacification du 20 mars 1598. « Et pour le regard du sieur Du Goust et du marquis de la Roche, y est-il dit, ou ses cautions, seront leurs dites rançons moderées, scavoir celle du sieur Du Goust à 4000 escuz compris les dépens qui restent à payer; laquelle somme le dit sieur Du Goust sera tenu de payer dans six mois, et sera eslargi en payant caution, etc. »

Mais Du Goust n'en fut pas quitte pour cela, et, lorsque la duchesse de Rohan, revint dans son château de Blain, elle fut tellement irritée des effroyables dégâts occasionnés par l'obstination de Du Goust, qu'elle le poursuivit avec acharnement, et crut devoir se servir des dilapidations et autres méfaits dont on l'accusait, pour lui intenter une action en justice. Il fut fait, à ce sujet, une enquête judiciaire, dont nous citerons quelques fragments. Voici d'abord, la déposition d'honorable homme, maître Guillaume Baillergeau, notaire de la Baronnie de la Roche en Nort, demeurant au bourg de Nort, et âgé de cinquante ans environ.

» .... dépose que sur la fin de l'année quatrevingtz cinq, étant refugié pour la sûreté de sa personne, à cause de la rigueur de l'édit de juillet, au dict an, au chasteau de Blaign, il fut investy et assiégé par le seigneur de Mercœur, auquel chasteau commandait lors soubz le seigneur de Rohan, un gentilhomme appelle sérieu Quéret, autrement Genoville, entre lesquelz fuct faict cappitulation et accord, par lequel, iceluy sieur de Genoville rendit la place entre les mains dudict seigneur de Mercœur, que y mist le sieur Guesbriant qui fut chargé de la conservation des meubles, chartes et tistres dud. seigneur de Rohan, qui estoient dans la dicte place, et fuct faict inventaire desd. meubles, ainsy que ce déposant ouyt dire lors. Lequel chasteau demoura toujours entre les mains dud. seigneur de Mercœur, sans qu'il y fuct faict guerre, à la scavance de ce temoign, jusqu'en l'année quatre vingtz huict ou neuff, qu'il entendit dire que les sieurs Du Goust et de L'Aujardière son frère, avoient surprins la dicte place sur le nommé le cappitaine Bouillonnière, qui estoit lors de lad. surprinse, soubz led. sieur de Guesbriant, pour la garde d'icelle, et quelque temps après ayant entendu que lesd. Du Goust et de l'Aujardière tenoient lad. place pour le service du Roy, d'aultant que la guerre commença lors à se faire en ce pays plus forte qu'auparavant, et que ce dict depozant qui a toujours esté du party du Roy, n'avoit retrecte asseurée au païs, il se reffugia avec sa famille aud. chasteau de Blaign en l'an quatre vingtz neuff et y demoura toujours sans porter les armes jusqu'en l'an quatre vingtz unze que la dicte place feut assiégée par led. seigneur de Mercœur............ Et du temps que ced. deppozant estoit reffugié en lad. place, il voyoit journellement amener de toutes sortes de prisonniers, tant gens d'église, gentilshommes, gens de guerre, marchands, gens de justice et paysans en grand nombre, desquelz les uns mouroient par la longueur de lad. prison, les aultres par les mauvois traictements...... etc., etc. »

Viennent ensuite les dépositions de maistre Pierre Simon sieur du Crezon, demeurant au bourg et paroisse de Nort, de maître Guillaume Durand, notaire, demeurant au bourg de Ligné, qui tous deux, comme le premier témoin Baillergeau, s'étaient réfugiés au château de Blain; leur déposition n'est en quelque sorte que la déposition du premier.

Il n'en est pas ainsi de celles de Pierre Trouillard, notaire de la juridiction de la Haie-de-Lavau, d'Hervé Evain, laboureur, Denis Terrien, marchand, Jean Maillard, laboureur, etc.; qui avaient été faits prisonniers en différents temps par les *souldarts* du seigneur Du Goust, et menés au château de Blain devant celui-ci, qui leur *assignoit ranczon*, suivant son bon plaisir et les retenait jusqu'à parfait paiement.

Ces dépositions nous apprennent aussi, que dans une excursion, le recteur de Lavau fut amené à Blain et contraint de se racheter; que tous les meubles et bestiaux du sieur de la Courousserie, furent enlevés du château de Quéhillac et vendus à Blain au son du tambour. Cette prise était, en quelque sorte, légitimée par le droit de la guerre, car le sieur de la Courousserie (Jean Fourché seigneur de Quéhillac), était l'un des lieutenants les plus distingués du duc de Mercœur, et Du Goust devait naturellement le considérer comme son ennemi. Mais s'il faut en croire les dépositions, ce droit toujours rigoureux était bien outrepassé par le commandant du château de Blain, dans les extorsions qu'il laissait commettre au dehors, et les atrocités qu'il faisait exécuter dans ses prisons.

On ne peut donc disconvenir que peut être le seigneur Du Goust ait dépassé les pouvoirs que le prince de Dombes lui avait donnés, pour un centre d'approvisionnement général au château de Blain. Mais pour être juste, il nous semble qu'il faut ici, faire une part un peu large à un chef de partisans dans une guerre civile, laissé à peu près à son libre arbitre, et sans commandement supérieur dont il eût à craindre une réprimande; mais il faut aussi avoir égard à l'exagération naturellement attachée aux dépositions de témoins, telles que nous les avons indiquées, et figurant dans une enquête provoquée par une personne telle que la duchesse de Rohan.

Une autre exagération qui doit être comptée aussi pour quelque chose, est celle des plaintes incessantes des habitants de Nantes contre Du Goust. Il est vrai qu'il leur faisait une rude guerre, mais la ville lui rendait, autant qu'elle le pouvait, vexations pour vexations. Nous en voyons la preuve dans une lettre qui se trouve aux archives de la mairie de Nantes, et dans laquelle le chevalier se plaint au corps de ville, de ce qu'il eut envoyé aux galères, des hommes d'armes que le duc de Mercœur avait jugé convenable de relâcher. Le corps de la lettre et la date sont de la main d'un secrétaire ; la dernière ligne et la signature sont de celle de Du Goust, qui comme nous l'avons remarqué, signe, on ne sait pourquoi, *Le Goust*.

Assurément, cette lettre n'est point d'un brigand. On y sent le chef militaire, pénétré de ses devoirs ; la réclamation qu'il fait au corps de ville de Nantes est d'autant plus juste, que les premiers torts sont de la part des Nantais.

Quant à l'enquête provoquée par Madame de Rohan, le choix des témoins indique combien elle fut difficile à édifier. Pas un seul habitant de Blain n'y paraît, on fait venir des témoins de Nort, de Ligné, de Lavau, de Fégréac, à six lieues de distance : une seule paroisse voisine en fournit, c'est Bouvron. Mais aussi, Bouvron avait pour seigneur le sieur de la Couroussérie, lieutenant et grand partisan du duc de Mercœur, et l'opinion du maître devait s'y faire fortement sentir. En sorte que toute la paroisse devait être naturellement ennemie d'un commandant royaliste tel que Du Goust, qui de son côté ne devait lui épargner aucune des rigueurs de la guerre.

Au reste, du Goust n'employait pas toujours les moyens violents pour se procurer de l'argent. Il paraît, d'après un arrêt du parlement de Bretagne du 20 août 1602, recueilli par Pierre Bélordeau au tome I de ses *Controverses*, p. 132 et 715, que le commandant de Blain se faisait souscrire de nombreux billets obligatoires, par ceux qui n'avaient pas d'argent comptant à lui donner. C'était quelque chose que d'accorder un atermoiement pour des contributions de guerre. Après le siége et la prise de Blain, un certain nombre de ces actes était tombé, on ne sait trop comment, entre les mains d'une demoiselle de Belleville. Il y en avait pour cinq à six mille écus. La demoiselle en disposa, fit remise de quelques sommes et garda le reste. Pendant ce temps-là, Du Goust était en prison à Nantes ; mais ayant recouvré sa liberté, à la suite du traité du duc de Mercœur en 1598, il se constitua demandeur contre la demoiselle de Belleville, en restitutions de tous ces contrats, qu'il disait lui avoir confiés en dépôt, et elle fut condamnée à cette restitution par les premiers juges. Mais sur l'appel, le Parlement de Bretagne décida que les biens pris en guerre sur les vaincus, appartetenaient aux vainqueurs : « *Sic male parta male dilabuntur*», dit Bélordeau, en rapportant cet arrêt; mais on ne voit pas cependant comment la demoiselle de Belleville se trouvait au nombre des vainqueurs.

Quant aux poursuites de la duchesse de Rohan, elles n'aboutirent à rien. Sur la requête de Jean de Montauban, écuyer sieur du Goust, Charles de Montauban, écuyer, sieur de l'Aujardière, Guillaume Blanchet, sieur de...... et Bonaventure du Mont, le parlement de Bretagne rendit, le 21 juillet 1599, un arrêt portant « injonction et commandement à tous juges, commissaires et greffiers, qui ont procédé à des informations à l'encontre desdits de Montauban, Blanchet et du Mont, d'apporter ou envoyer lesdites informations au greffe criminel de la Court, pour icelles vues être ordonné ce que de raison ; et fait défense à tous huissiers, sergents, archers, prévosts des maréchaux, d'appeler ni transporter les d. de Montauban, Blanchet et du Mont hors le d. ressort sans permission de la d. Court. » Cet arrêt fut signifié « à haulte et puissante dame Cattrerine de Parthenay dame douairière de Rohan, » le 13 août 1599, par Mocquays, sergent royal, qui le laissa attaché à la principale entrée du château de Blain, « où ladicte dame faisoit sa plus continuelle demeure. » Les choses n'en restèrent même pas là. Du Goust obtint du roi Henri IV, le 30 août 1599, des lettres d'absolution pour tous ses faits de guerre. Ces lettres inédites sont trop curieuses et trop appropriées à la topographie militaire de notre pays, à l'époque dont nous nous occupons, pour ne pas trouver ici leur place.

« Henry, par la grâce de Dieu roy de France et de Navarre, à tous ceulx qui cestes présentes lettres verront, Salut. Nostre cher et bien amez Jehan de Montauban, escuyer sieur du Goust, nous a faict dire et remonstrer que au commencement des derniers troubles, voyant la rebellion qui se fist contre nostre service, il s'advisa de faire plusieurs entreprises sur ceux qui s'estoient eslevez en armes contre nous, notamment sur les chasteaux et places de Blain, Le Gâvre, Saint Mars de la Jaille, l'Espinay, le Buron, la Haimeriais, les hâvres de Lavau, Donges, Couëron et aultres, qui leur osta à force d'armes. Pendant lequel temps il a esté contrainct pour la nécessité de nos affaires de permettre à ses soldatz la vye moings réglée qu'il n'eust désiré, afin de leur donner d'aultant plus de couraige à courir sus à noz adversaires et incommòder leurs desseings; et bien que de tous les exploctz de guerre qui ont estez par luy commis et les siens pour le bien de nostre service, il ne doibve avoir aulcune plainete valable, sy est ce que led. exposant qui, pour s'estre toujours maintenu en l'obeissance naturelle qn'il nous doibt, a faict plusieurs ennemys, craint que lesd. actes comme ranczons de prisonniers de toutes qualitez, demantellemens, démollitions et bruslement de maisons en faict d'hostillité, prinses de meubles et bestail sur les parouesses, et bourgades rebelles, levées de deniers tant ordinaires qu'extraordinaires et magazins, sur les commissions de nostre très cher cousin le Duc de Montpensier et le sire de la Hunaudaye, corvées de toutes sortes, fascines, boys couppés et aultres matières pour les fortiffications et chauffaiges desd. places, décedz de prisonniers es prisons et aultres actes de guerre. Aulcuns de sesd. ennemys par surprinse ou aultrement, veullent faire informer et le travailler en procédures. C'est pourquoy il nous a supplyé et requis luy voulloir sur ce pourvoir de nos lettres et descharges nécessaires, humblement requérant icelles. A ces cauzes, désirant bien et favorablement traicter led. de Montauban sieur Du Goust et ne permettre que pour nous avoir fidellement servy, il soit en peine ny ceulx qu'il a euz soubz son commandement pendant lesd. troubles; considéré mesmement les grandes et excessives pertes, dommaiges et ruynes d'héritaiges et maisons qu'il a reçeu en ses biens, oultre la detemption de sa personne et emprisonnement entre les mains de nosd. adversaires l'espace de sept années. Pour ces causes et aultres bonnes et justes considérations à ce nous mouvans, nous avons dit et déclaré, disons et déclarons par cesd. présentes, que les prinses et surprinses desd. places et hâvres de Blain, Le Gâvre, Saint Mars de la Jaille, l'Espinay, le Buron, la Haimeriais, de Lavau, Dongos et aultres, que led. sieur Du Goust a prinses sur nos dictz ennemys, ensemble les courses et aultres explectz de guerre cy-dessus, que luy sesd. soldatz ont faict es années M. V^c IIIJ ^{xx} neuff, dix et unze pendant et à l'occasion des troubles et les dictz demantellement et démollitions, bruslemens de maisons, prinses et meubles bestiail, levées de deniers tant ordinaires qu'extraordinaires, magazins et généralement toutes aultres choses cy-dessus specifiées, faict comme dict est, pendant et à l'occasion desd. troubles, ont esté pour l'affection qu'ilz portent à nostre service, et en avons deschargé et deschargeons led. de Montauban sieur Du Goust et sesd. soldatz auxquelz il a commandé. Déffendons très-expressément à toutes personnes de quelque qualité qu'ilz soient, de les poursuivre, pour ce regard directement ou indirectement, mesme aux partyes qui pourront prétendre y estre intéressées, et à noz procureurs généraulx ou leurs substitutz présents et a venyr, auxquelz nous imposons silence en cest endroit, cassant et adnullant toutes charges, informations, decretz et aultres qui pourroient estre faictes contre led. exposant et les siens. Deffendons aussy à tous huissiers ou sergentz de mettre à exécution contre led. exposant et lesd. soldatz et gens de guerre auxquels il a commandé comme dict est, aulcuns decretz, sentences ou jugemens, à peine de privation de leurs estatz. Sy donnons en mandement à nos amez et féaux les gens tenant nostre court de parlement et chambre des Comptes en Bretaigne, généraulx de nos finances et tous aultres noz justiciers, officiers et subjectz qu'il appartiendra, qu'ilz facent lire et enrégistrer nos présentes lettres de descharges et du contenu en icelles ilz facent, souffrent et laissent jouyr et uzer led. exposant et lesd. soldatz auxquels il a commandé, pleinement et paisiblement, sans permettre qu'il leur soyt faict, nuis ou donné aulcun trouble, destourbier ou empeschement au contraire. Car tel est nostre plaisir, en thesmoing de quoy, nous avons faict mettre nostre sceel à cesd. présentes. Donné à Bloys le trentiesme jour d'Aougst l'an de grace mil cinq cens quatre vingtz et dix neuff, et de nostre regne le unziesme. Ainsy signé Henry. — Et sur le replis, de par le roy — de Neuville — et scellé en cire jaulne du grand sceau sur double queue. Enregistrées suivant l'arrêt de la Court de ce jour, pour y avoir recours selon les occurrances, ainsy qu'il appartiendra. Faict en parlement à Rennes le dix huictiesme jour de septembre, mil cinq cens quatre vingt dix neuff. *Signé* Dufort. — par extrait des régistres du Parlement. *Signé* Brugnère. »

Avec ces lettres du roi Henri IV, les deux frères de Montauban étaient blanchis de toutes les peccadilles qu'ils avaient pu commettre. Nul renseignement n'a pu nous donner l'âge de ces deux frères, seulement on peut supposer qu'à l'époque de cette entreprise, ils étaient dans la force de l'âge, et avaient peut-être de quarante à cinquante ans.

Charles de Montauban, seigneur de l'Aujardière, avait épousé Jacquette de la Haie-Mahéas ([1]), dont il eut une fille, Charlotte, qui épousa le seigneur de la Bessardais ([2]), et qui devint veuve en 1580 avec une fille, sur laquelle nous n'avons aucun renseignement.

Quant à Jean de Montauban, seigneur du Goust, nous ne savons ce qu'il devint dans la suite. Pendant que le duc de Mercœur assiégeait le château de Blain, il avait envoyé une petite troupe qui, s'étant emparée du château du Goust, le démolit en

---

([1]) La Haye-Mahéas, seigneurie située entre Saint-Etienne-de-Mont-Luc et Cordemais, était une haute justice; elle étendait sa juridiction sur les paroisses de Saint-Etienne-de-Mont-Luc, Cordemais et Saint-Herblain. Au XVIIe siècle, on y construisit un château moderne, qui, après avoir été habité en dernier lieu par la famille Bascher, sert actuellement d'asile à de jeunes filles pauvres.

([2]) La Bessardais, dans le dictionnaire des terres et seigneuries du comté nantais, par M. de Cornulier, porte le nom de terre. Selon cet auteur, elle fut anoblie en 1441 en faveur de Guillaume Bessard, valet de chambre du duc. En 1679, elle appartenait à Charlotte de Montauban. Maintenant, elle est en possession de la famille Maisonneuve.

partie ; c'est de cette époque que date la ruine de cette forteresse, dont les quelques débris recouverts de lierre sont, comme nous l'avons dit plus haut, encore visibles.

Nous ignorons aussi quelle fut la date de sa mort, et quelle descendance il put laisser. Seulement, nous trouvons un petit renseignement dans l'acte suivant, inscrit sur les registres de la paroisse de Blain :

« Johanna du Ponceau, filia viri nobilis Pauli du Ponceau, dominus temporalis dicti et domicellæ Ludovicæ Dobbeau, ejus uxoris, baptisata fuit a me subsignato. Patrinus fuit *vir nobilis et potens Johannes de Montauban, dominus temporalis du Goust, viduus;* commatresque fuerunt domicella Karola Gourays, uxor viri nobilis Karoli d'Andigné, dominus temporalis dicti loci et domicellæ Magdalena Rozée, uxor Albini Bardoul, viri nobilis, dominus temporalis de Mallevre, factum autem die sexto mensis septembris, anno domini millesimo quinquagentesimo nonagesimo. *Signé Jahenin.* » Cet acte nous apprend qu'à cette époque le chevalier du Goust était veuf, mais ne nous donne pas le nom de son épouse. Cet acte a cela également d'intéressant, de nous montrer cet usage qui a duré assez longtemps, de donner un seul parrain et deux marraines à une fille, et deux parrains et une seule marraine à un garçon.

Faute de renseignements sur la descendance des seigneurs du Goust, nous disons seulement que vers la fin du seizième siècle, la seigneurie du Goust appartenait à un La Moussaye, petit-fils de Françoise de Montauban, femme de Gilles du Bois-Riou, et sœur propre des deux frères du Goust et de l'Aujardière, sans que nous puissions dire comment cette transmission s'est opérée.

En 1601, le château du Goust avait encore une petite garnison. Il appartenait en 1680 à Mercure Bardoul, seigneur de Maleville. Ce n'est que depuis cette époque que cette seigneurie est tombée dans la maison de Runefau, qui dut en jouir jusque vers le milieu du dix-huitième siècle ; car nous trouvons ensuite comme possesseur de ce fief la famille de Couëssin de Keraude ; nous en avons comme preuve des lettres de provision, donnant la charge de procureur fiscal de leur juridiction à François Magouët de la Trocarderie, notre trisaïeul maternel. En ce moment, cette terre appartient à Mme veuve Gossin de Cravellon.

Nous terminons ici notre notice, n'ayant plus rien à ajouter qui puisse être intéressant pour une connaissance plus approfondie du sujet.

www.ingramcontent.com/pod-product-compliance
Lightning Source LLC
Chambersburg PA
CBHW060926050426
42453CB00010B/1872